Wenn die Landschaft tief verschneit ist und an allen Ecken Schneemänner winken, dann hält die Winter- und Weihnachtszeit Einzug. Die perfekte Jahreszeit, um mit filigranen weißen Basteleien Dekoträume zu verwirklichen.

Gestalten Sie edel hinterleuchtete Windlichter und niedliche Fensterbilder mit Nikolaus und Weihnachtsmaus. Detailreiche Laternen in Sternen- und Eiskristalloptik bringen eine gemütliche Atmosphäre in Ihre Wohnung. Die Kombination aus wunderschön gemusterten Transparentpapieren und schneeweißem Tonkarton setzt weihnachtliche Glanzpunkte in den dekorierten Räumen.

Lassen Sie sich von den weißen Dekors inspirieren, die liebevoll gestalteten Motiven werden Sie begeistern!

Eine schöne Advents- und Weihnachtszeit
wünscht Ihnen

Angelika Kipp

Santa Claus

... ist ein guter Mann

MOTIVHÖHE
ca. 19,5 cm

MATERIAL
* Fotokarton in Weiß, A3
* Transparentpapier in Weiß, A4
* Japanpapierrest in Weiß
* Lackmalstift in Weiß

VORLAGEN
Bogen 1A

1 Übertragen Sie den Nikolaus vom Vorlagenbogen auf Fotokarton. Mit etwas Transparentpapier ist das Abzeichnen ganz leicht. Beachten Sie bitte auch die Tipps auf den Umschlagklappen.

2 Das übertragene Motiv vor dem Ausschneiden an den auf dem Vorlagenbogen gestrichelt eingezeichneten Linien knicken. Dazu die Linie mit einem Falzbein unter Zuhilfenahme eines Lineals vorprägen. So entsteht eine saubere Faltkante.

3 Die einzelnen Flächen mit den entsprechenden Transparent- und Japanpapieren hinterkleben. Kleine Punkte mit einem weißen Lackmalstift auftupfen und trocknen lassen. Nun können Sie Santa Claus vor eine Kerze stellen und schon schimmert er verheißungsvoll!

Mein Tipp für Sie

Bemalung Santa Claus wirkt besonders durch die liebevolle Ausgestaltung mit dem Lackmalstift. Sie können den Hintergrund mit kleinen Schneeflocken verzieren und Mütze, Mützenquaste und den Mantel mit einem netten Kringelmuster versehen. Das Motiv kann übrigens auch ohne Faltkanten als Fensterbild gearbeitet werden.

Himmelskronen

dem König aller Königreich’

MOTIVHÖHE
Kronenlaterne ca. 18 cm
Kronenbänder ca. 15,5 cm – 17,5 cm

MATERIAL WINDLICHT

* Fotokarton in Weiß, A2
* Transparentpapier in Weiß, A3
* Transparentpapierrest in Weiß mit Sternen
* Transparentpapierrest in Weiß mit Ornamenten
* 40 Strasssteinchen in Silber, ø 3 mm
* Falzbein

EINZELKRONE

* Fotokarton in Weiß, A3
* Transparentpapier in Weiß, A3
* Transparentpapierrest mit Herzmuster

BAND

* Fotokarton in Weiß, A2
* Transparentpapier in Weiß, A2
* Transparentpapierrest in Weiß mit Sternenmuster
* Lackmalstift in Weiß

VORLAGEN
Bogen 1A

1 Mithilfe von Transparentpapier zeichnen Sie die edlen Kronen vom Vorlagenbogen ab und übertragen sie auf Fotokarton.

2 Vor dem Ausschneiden der übertragenen Motive den Fotokarton wie in der allgemeinen Anleitung beschrieben falzen und vorknicken, damit eine saubere Faltkante entsteht.

3 Die Motive ausschneiden und die einzelnen Felder mit den Transparentpapieren hinterkleben. Die Knickstellen aussparen, da die Bastelarbeit sonst leicht unter Spannung steht.

4 Nun geht es ans Ausgestalten: Setzen Sie die kleinen Sterne und einige Strasssteine auf. Mit dem Lackmalstift können Sie Punkte, Wirbel oder kleine Sterne aufmalen. Trocknen lassen und vor einigen Teelichtern platzieren.

Mein Tipp für Sie

Winterpalast Einzeln geschnittene Kronen können auch schmale Wandbordüren schmücken. Damit wird Ihr Zuhause zu einem prachtvollen Winterpalast! Verzieren Sie die Kronen mit Lackmalstift in Silber oder Gold oder hinterkleben Sie sie mit Ornamentpapier. Vor einer Wand machen sich auch schwere handgeschöpfte oder geprägt Papiere gut!

Obwohl das Bild symmetrisch aufgebaut ist, gibt es kleine abgewandelte Details. Diese verleihen dem Bild Lebendigkeit und Dynamik.

Engelskinder

... küren den schönsten Stern

MOTIVHÖHE
ca. 31 cm

MATERIAL
* Tonkarton in Weiß, A2
* Transparentpapier in Weiß, A2
* Japanpapier in Weiß, A4

VORLAGEN
Bogen 1B

1 Übertragen Sie die kleinen Engelchen vom Vorlagenbogen auf Tonkarton. Wie in der allgemeinen Anleitung beschrieben, das Motiv sorgfältig aus Tonkarton doppelt ausschneiden.

2 Bevor Sie die Teile zusammenkleben, kontrollieren Sie, ob Sie die richtige Seite mit Klebstoff bestreichen. Allzu leicht kann man die Seiten verwechseln! Die einzelnen freien Flächen der Szene von hinten mit den verschiedenen Papieren bekleben.

3 Setzen Sie nun die Rückseite deckungsgleich auf. Schon ist das herrliche Fensterbild fertig!

Unser Tipp für Sie

Mittelpunkt Ein besonderer Blickfang ist der mittlere Stern natürlich, wenn Sie ihn mit farbigem Transparentpapier gestalten. Sonnengelb, Violett oder Eisblau sind denkbar. Besonders edel sieht er aus, wenn Sie das weiße Japanpapier, mit dem er hinterklebt ist, mit goldenem Lackmalstift verzieren.

Stern von Bethlehem

wunderschönes Sternenlicht

1 Legen Sie zwei Bogen weißen Tonkarton übereinander und heften Sie diese mit einem Bürotacker aneinander. Übertragen Sie nun auf den obersten Karton die Sternlaterne vom Vorlagenbogen, wie auf den Umschlagklappen beschrieben.

2 Das übertragene Motiv aus Stabilitätsgründen in einem Schnitt doppelt ausschneiden, sodass Vorder- und Rückseite passgenau aufeinander abgestimmt sind.

3 Vor dem Ausschneiden den Tonkarton entlang der gestrichelten Linie falzen und vorknicken, damit später eine saubere Faltkante entsteht.

4 Nun die freien Flächen der Rückseite mit den Transparentpapieren verschönern. Einzelne Sterne wie in der allgemeinen Anleitung erklärt aufsetzen und separat gestalten. Abschließend die Seitenteile rechts und links ergänzen, dabei die gezackte Kante sorgfältig einkleben. Schon ist das wundervolle Windlicht fertig.

Mein Tipp für Sie

Trend statt Tradition Diese hübsche Sternlaterne ist ein toller Ersatz für den traditionellen Schwibbogen auf der Fensterbank. Sie können sie mit Teelichtern oder einer Lichterkette von innen beleuchten. So verströmt sie festlichen Glanz!

MOTIVHÖHE
ca. 21 cm

MATERIAL
* 2 Bogen Tonkarton in Weiß, A2
* Japanpapier in Weiß, A3
* Transparentpapier in Weiß, A3
* Transparentpapier in Weiß mit Punkten, A4
* Falzbein

VORLAGEN
Bogen 2A+1B

Weihnachtswald

winterlich verschneit

MOTIVHÖHE
Band ca. 10,5 cm
Laterne ca. 15,5 cm

MATERIAL

LATERNE

* Fotokarton in Weiß, A2
* Japanpapier in Weiß, A3
* Transparentpapier in Weiß, A3
* 4 Strasssteine in Silber, ø 1 cm
* Falzbein

BAND

* Fotokarton in Weiß, A2
* Transparentpapier in Weiß, A3
* 12 Strasssteine in Silber, ø 3 mm
* Falzbein

VORLAGEN
Bogen 2B

1 Die Vorlagenzeichnung übertragen Sie am besten mithilfe von Transparentpapier auf den Fotokarton.

2 Die übertragenen Motive vor dem Ausschneiden, wie in der allgemeinen Anleitung erklärt, entlang der gestrichelten Linie mit einem Falzbein falzen und vorknicken, damit später eine saubere Faltkante entsteht.

3 Die einzelnen offenen Felder mit den entsprechenden Transparentpapieren von der Rückseite her gestalten. Dabei sollten die Knickstellen ausgespart werden. Einige Strasssteine verschönern die Bastelarbeiten.

Mein Tipp für Sie

Festtagstafel Sie können das Aufstellerband übrigens unendlich verlängern, denn es basiert auf einem Rapportmuster. So können Sie es perfekt der Länge Ihrer Weihnachtstafel anpassen.

Leuchtende Adventszeit

romantische Kerzlein

MOTIVHÖHE
ca. 25,5 cm

MATERIAL

* 3 Bogen Flitterpapier in Weiß, A4
* Transparentpapier in Weiß, A4
* Transparentpapierrest in Weiß mit Blumenranke

VORLAGEN
Bogen 2B

1 Übertragen Sie die bezaubernden Adventskerzen vom Vorlagenbogen: Jedes Motiv auf die Rückseite des Flitterpapiers aufzeichnen und es in einem Arbeitsschritt doppelt, wie in der allgemeinen Anleitung erklärt, ausschneiden.

2 Die freien Flächen einer Rückseite mit verschiedenen Transparentpapieren gestalten. Außer der Blumenranke eignen sich natürlich auch andere dezente weiße Muster: Ornamente, Arabesken, Schneekristalle und ganz schlichte weiße Tupfen sehen ebenfalls herrlich aus!

3 Die Motivseiten zu einem Motiv zusammenfügen, sodass der Adventsschmuck am Fenster positioniert werden kann und die Kerze auch von außen wunderbar aussieht.

Unser Tipp für Sie

... ein Lichtlein brennt Basteln Sie doch einfach vier dieser netten Kerzlein. Dann können Sie an jedem Adventssonntag eine weitere Kerze am Fenster befestigen – so haben Sie einen ganz besonderen Adventskranz.

Advent, Advent ...

festlicher Kranz

MOTIVHÖHE
ca. 39 cm

MATERIAL
* Tonkarton in Weiß, A2
* Japanpapier in Weiß, A4
* Transparentpapier in Weiß, A3
* Transparentpapier mit Ornamenten in Weiß, A4
* Lackmalstift in Weiß
* 3 Strasssteine in Silber, ø 3 mm

VORLAGEN
Bogen 3A

1 Mithilfe von Transparentpapier pausen Sie die Vorlagenzeichnung sorgfältig auf Tonkarton durch. Den übertragenen Adventskranz wie in der allgemeinen Anleitung erklärt doppelt ausschneiden.

2 Ein Motivteil wird nun von der Rückseite her mit den verschiedenen Transparentpapieren hinterklebt.

3 Setzen Sie anschließend die Rückseite absolut deckungsgleich auf. Jetzt können Sie mit dem Lackmalstift ein Punktemuster ergänzen.

4 Ist die Farbe getrocknet, platzieren Sie einige Strasssteine auf den Herzspitzen.

Mein Tipp für Sie

Kinderfreundlich Wenn Sie kleine Kinder haben, dann machen Sie aus diesem Adventskranz doch ein interaktives Ereignis, indem Sie jede Flamme nach und nach von Ihren Kids mit gelbem Transparentpapier hinterkleben lassen – an jedem Adventssonntag kommt eine dazu. So verdeutlichen Sie den Kleinen, wie sich Weihnachten nähert.

Vom Himmel hoch ...

... da komm' ich her!

MOTIVHÖHE
ca. 47 cm

MATERIAL
* Tonkarton in Weiß, A2
* Transparentpapier in Weiß, A2
* Transparentpapierrest mit Sternen
* Transparentpapierrest mit Punkten
* Japanpapierrest in Weiß
* 30 Strasssteine in Silber, ø 3 mm

VORLAGEN
Bogen 3A

1 Auf dem Vorlagenbogen finden Sie eine Zeichnung des Motivs, dass Sie wie in den Umschlagklappen beschrieben sorgfältig auf zwei Lagen Tonkarton übertragen. Das abgepauste Motiv zweimal in einem Arbeitsschritt aus dem Tonkarton herausschneiden.

2 Die Rückseite des vorderen Tonkartonrahmens mit den gewünschten Transparentpapieren ausgestalten. Sie können auch mit einem weißen Lackmalstift die verschiedensten Muster aufmalen, falls Sie nur ein Transparentpapier in uni Weiß zur Verfügung haben. Das rückwärtige Motivteil absolut deckungsgleich aufsetzen.

3 Kleben Sie nun die Strasssteinchen auf den Heiligenschein und das Engelskleid. Beim Positionieren hilft gegebenenfalls eine Pinzette.

Weihnachtsmaus

kleiner Zuckerdieb

MOTIVHÖHE
ca. 19,5 cm

MATERIAL
* Tonkarton in Weiß, A3
* Transparentpapierrest in Weiß mit Punkten
* Transparentpapierreste in Weiß mit Ornamenten
* Lackmalstift in Weiß

VORLAGEN
Bogen 3A

Mein Tipp für Sie

Weihnachtsmaus Kennen Sie das großartige Gedicht „Die Weichnachtsmaus“? Es wurde von James Krüss geschrieben und eignet sich herrlich zum Vorlesen in der Weihnachtszeit!

1 Übertragen Sie Sterne, Zuckerstange und Maus mithilfe von Transparentpapier auf weißen Tonkarton. Legen Sie diesen doppelt, sodass Sie Vorder- und Rückseite in einem Arbeitsschritt und damit deckungsgleich ausschneiden können.

2 Gestalten Sie die Rückseite des vorderen Motivteils jeweils mit den gewünschten Transparentpapieren. Auch mit einem Lackmalstift können Muster aufgemalt oder getupft werden. Nach dem Trocknen der Farbe geht es weiter.

3 Fügen Sie die beiden Tonkartonteile absolut kongruent zusammen.

Ob sachlich-schlicht oder so filigran wie ein Eiskristall, zu Weihnachten gehören Sterne einfach dazu.

Sternenweihnacht

Sternenhimmel für Zuhause

MOTIVHÖHE

Laterne mit Eiskristall ca. 13 cm
Sternenblumen ca. 27 cm
Sternenaufsteller ca. 17 cm

MATERIAL

LATERNE MIT EISKRISTALL

* Fotokarton in Weiß, A2
* Transparentpapier in Weiß, A3

STERNENBLUMEN

* Tonkarton in Weiß, A2
* Transparentpapier in Weiß mit kleinen Sternen, A5
* Transparentpapier in Weiß mit großen Sternen, A5
* Transparentpapier in Weiß, A4
* Lackmalstift in Weiß

STERNENAUFSTELLER

* Fotokarton in Weiß, A3
* Transparentpapier in Weiß, A3

VORLAGEN

Bogen 3A+3B

1 Übertragen Sie die Vorlagenzeichnung sorgfältig auf den weißen Karton.

2 Alle auf Foto- oder Tonkarton übertragenen Motive vor dem Ausschneiden mit dem Falzbein entlang der gestrichelten Linien falzen und knicken. Achten Sie dabei auf die allgemeine Anleitung.

3 Die freigeschnittenen Flächen mit entsprechenden Transparentpapieren hinterkleben. Dabei die Knickstellen aussparen, damit die Sterne nicht unter Spannung stehen.

4 Mit einem weißen oder silbernen Lackstift können Sie gewünschte zusätzliche Muster auftupfen.

Kerzenlicht

Windlicht für den Advent

1 Übertragen Sie die Vorlagenzeichnung der Adventskerze sorgfältig mithilfe von Transparentpapier auf den Fotokarton. Beachten Sie dabei die allgemeine Bastelanleitung auf den Umschlagklappen.

2 Vor dem Ausschneiden des übertragenen Motivs den Fotokarton entlang der in der Zeichnung gestrichelten Linie falzen und vorknicken.

3 Schneiden Sie die herrliche sechsteilige Kerze aus. Die Flammen müssen aus Stabilitätsgründen doppelt geschnitten werden, da diese sich sonst bei Temperaturschwankungen nach innen biegen.

4 Hinterkleben Sie die einzelnen Kerzen mit Transparentpapier und ergänzen Sie abschließend die Sterne. Mit einem weißen Lackmalstift werden zarte Punkte aufgetupft. Nach dem Trocknen der Farbe werden die Flammenrückseiten absolut deckungsgleich von hinten aufgesetzt.

5 Die Laterne wird zusammengeklebt und der Laternenboden von unten eingeführt. Er wird mit den Standflächen der Kerzen verklebt. Schon kann diese festliche Kerze im Eingangsbereich Besucher begrüßen oder auf einem Beistelltisch den Adventskranz ersetzen.

Mein Tipp für Sie

Es wird bunt! Möchten Sie diese Kerze farbig gestalten, bietet sich ganz klassisch schwarzer Fotokarton für den Rahmen an. Die Flammen sollten Sie in drei verschiedenen Gelbtönen hinterkleben und den hellsten dabei für die Flammenmitte verwenden. Die weihnachtlichen Sterne gestalten Sie in warmem Orange – sehr schön mit goldenen Lackmalstiftornamenten! – und die Kerzenkörper in zwei verschiedenen Rottönen.

MOTIVHÖHE
ca. 21,5 cm

MATERIAL
* Fotokarton in Weiß, A2
* Transparentpapier in Weiß, A3
* Lackmalstift in Weiß

VORLAGEN
Bogen 4A

Gerade die filigranen Elemente dieses Winterlichts leben von der zarten Struktur der weißen Mustertransparentpapiere.

Winterliche Überraschung

Geschenke für alle!

MOTIVHÖHE
ca. 30 cm

MATERIAL

* Fotokarton in Weiß, A2
* Transparentpapier in Weiß, A3
* Transparentpapierrest in Weiß mit Punkten
* Transparentpapierrest in Weiß mit Streifen
* Transparentpapierrest in Weiß mit Sternen
* Transparentpapierrest in Weiß mit Ornamenten
* Seidenraupentransparentpapierrest in Weiß

VORLAGEN
Bogen 4B

1 Übertragen Sie sorgfältig die Vorlagenzeichnung der fröhlichen Schneemänner auf Fotokarton.

2 Schneiden Sie die lustigen Gesellen samt dem Paket aus dem Fotokarton heraus. Gerade Schnitte gelingen mit einem Skalpell oder Cutter besonders gut, Rundungen mit einer Nagelschere.

3 Nun gestalten Sie die freien Flächen mit den wunderschönen Transparentpapieren. Die unterschiedlichen Muster machen das Motiv sehr interessant. Hinterkleben Sie die Mütze des rechten und den Zylinder und den Schal des linken Schneemanns mit gepunktetem, Mützenkrempe und Bommel mit gestreiftem Transparentpapier. Besen und Igel werden mit Sternpapier, die Sterne mit Ornamentpapier und das große Geschenk mit Seidenraupenpapier ausgestaltet.

4 Damit das Motiv an Standfestigkeit gewinnt, werden zusätzlich seitlich Tonkartonstreifen bis zur gepunkteten Linie der Fotokartonwände angeklebt. Anschließend werden die Seitenteile ergänzt, die dann nach hinten geknickt werden.

Hinweis: Da das Motiv sehr groß und damit zugluftanfällig ist, darf es auf keinen Fall mit Teelichtern beleuchtet werden. Verwenden Sie stattdessen eine Lichterkette!

Winterspaziergang

Hallo Mama!

MOTIVHÖHE
ca. 28,5 cm

MATERIAL
* Tonkarton in Weiß, A2
* Transparentpapier in Weiß, A3
* Lackmalstift in Weiß

VORLAGEN
Bogen 4B

1 Auf dem Vorlagenbogen findet sich eine Zeichnung der bärigen Szene – übertragen Sie diese sorgfältig auf doppelt gelegten weißen Tonkarton.

2 Schneiden Sie das Fensterbild in einem Arbeitsschritt doppelt aus dem Tonkarton heraus. Tipps hierzu finden Sie in der allgemeinen Anleitung.

3 Hinterkleben Sie das vordere Motivteil von der Rückseite mit dem Transparentpapier. Einzelne Eiskristalle werden von der Vorderseite ergänzt.

4 Nun ist Ihr künstlerisches Talent gefragt. Mit einem Lackmalstift zeichnen Sie Punkte und andere kleine Muster auf. Der Schal von Mama Bär könnte beispielsweise ein Ringelmuster erhalten und der kleine Bär ein puscheliges Fell.

5 Nach dem Trocknen der Farbe kleben Sie die Rückseite absolut deckungsgleich auf das ausgestaltete Vorderteil auf.

Unser Tipp für Sie

Kartenglück Sie können die weißen Kuscheltiere auch einzeln ohne Rahmen schneiden. Verkleinern Sie die Vorlagenzeichnung doch einfach auf dem Kopiergerät. Basteln Sie die Eisbären nun nach, können Sie damit beispielsweise Weihnachtskarten verschönern. Dazu eignen sich natürlich auch Bären aus farbigen Tonpapieren!

Festtagspracht

herrlich bekrönt

MOTIVHÖHE
ca. 59 cm

MATERIAL
* Tonkarton in Weiß, A2
* Transparentpapier in Weiß, A4
* Transparentpapier in Weiß mit Ornamenten, A4
* 52 Strasssteine in Silber, ø 3 mm

VORLAGEN
Bogen 3B

1 Das Schmuckband finden Sie auf dem Vorlagenbogen – pausen Sie es auf einen doppelt gelegten weißen Tonkarton durch.

2 Schneiden Sie das übertragene Festtagsmotiv in einem Arbeitsschritt doppelt aus dem Karton heraus. Wie das geht, wird auf den Umschlagklappen erklärt.

3 Hinterkleben Sie die Rückseite des vorderen Motivteils mit den wunderschönen Transparentpapieren. Die Sterne werden mit dem Ornamentpapier hinterklebt. Das Herz und die kleinen Tonkartonsterne werden von vorn auf das Transparentpapier aufgeklebt.

4 Ergänzen Sie die Rückseite absolut deckungsgleich. Viele Strasssteine lassen das Motiv königlich erscheinen. Positionieren Sie diese mit einer Pinzette.

Von Herzen ...

... alles Gute!

MOTIVHÖHE
ca. 59 cm

MATERIAL
* Tonkarton in Weiß, A2
* Transparentpapier in Weiß, A2
* Transparentpapier in Weiß mit Notenmuster, A4
* Transparentpapier in Weiß mit Engelmuster, A4

VORLAGEN
Bogen 4A

1 Übertragen Sie das Schmuckband vom Vorlagenbogen auf den weißen Tonkarton.

2 Schneiden Sie das durchgepauste Motiv in einem Arbeitsschritt doppelt aus, wie in der allgemeinen Anleitung erläutert.

3 Gestalten Sie die freien Flächen einer Motivrückseite mit Transparentpapier. Die Herzen erhalten das mit Noten gemusterte Papier. Einzelne kleine Sterne werden von vorn fixiert.

4 Fügen Sie die beiden Motivteile absolut deckungsgleich zusammen. Achten Sie darauf, dass Sie die richtige Seite mit Klebstoff bestreichen.

Unser Tipp für Sie

Jubiläum Diese herrliche Fenster- und Wanddekoration eignet sich natürlich nicht nur zur Weihnachtszeit – auch für Jubiläen oder runde Geburtstage ist sie ein schöner Schmuck. Gute Wünsche für den Jubilar können mit weißem Lackmalstift in die – uni hinterklebten – Herzen geschrieben werden.

Rentier Rudolf

im weihnachtlichen Tann

MOTIVHÖHE
ca. 27 cm

MATERIAL
* 2 Bogen Tonkarton in Weiß, A2
* Transparentpapier in Weiß, A3
* Transparentpapier in Weiß mit Punkten, A4
* Seidenraupentransparentpapier in Weiß, A4
* Transparentpapierrest in Weiß mit Sternen
* Transparentpapierrest in Weiß mit Ornamenten
* Japanpapierrest in Weiß
* Lackmalstift in Weiß

VORLAGEN
Bogen 1B

1 Pausen Sie die Vorlagenzeichnung auf weißen Tonkarton ab. Wie in der allgemeinen Anleitung beschrieben schneiden Sie das übertragene Motiv doppelt in einem Arbeitsschritt aus dem Tonkarton heraus.

2 Hinterkleben Sie das vordere Motivteil von der Rückseite mit den verschiedenen wunderschönen Transparentpapiermotiven. Schön ist es dabei, wenn das Papiermuster das Motiv beschreibt.

3 Mit dem Lackmalstift zeichnen Sie die gewünschten Muster auf und lassen danach die Farbe trocknen.

4 Ergänzen Sie das Rückenteil absolut deckungsgleich. Schon haben Sie einen festlichen Fensterschmuck!

Mein Tipp für Sie

Nicht so ruhig Wenn Ihnen die Altarwirkung des Triptychons zu statisch ist, können Sie die drei Rahmen auch einzeln arbeiten und so das Motiv untereinander oder etwas versetzt an einem Fenster positionieren. Einzelne separat gearbeitete Bäumchen oder Sterne können die Rahmen umspielen und miteinander verbinden.

Bescherung!

Morgen, Kinder, wird's was geben

MOTIVHÖHE
ca. 32,5 cm

MATERIAL

* 2 Bogen Tonkarton in Weiß, A2
* Transparentpapier in Weiß, A2
* Lackmalstift in Weiß

VORLAGEN
Bogen 2A

1 Übertragen Sie das Fensterbild, dessen Rahmen an einen klassischen Schwibbogen erinnert, mithilfe von Transparentpapier auf Tonkarton.

2 Schneiden Sie nach der allgemeinen Anleitung das auf den Tonkarton übertragene Bescherungsmotiv in einem Arbeitsgang doppelt aus.

3 Hinterkleben Sie das vordere Motiv von der Rückseite mit dem Transparentpapier. Die Muster werden mit dem Lackmalstift von vorn aufgemalt. Die Farbe muss vor dem nächsten Arbeitsschritt trocknen.

4 Ergänzen Sie nun die Rückseite des Motivs absolut deckungsgleich, sie wird mit einem Klebestift fixiert. Und schon kann die Bescherung beginnen!

Angelika Kipp lebt in Ibbenbüren, ist verheiratet und hat drei Kinder. In ihrem Beruf als Diplom-Sozialpädagogin arbeitete sie viele Jahre sehr kreativ mit Kindern, Jugendlichen und Erwachsenen. Anfang der 90er-Jahre entdeckte sie das Büchermachen für sich. Seitdem ist sie als Autorin beim frechverlag tätig und hat mehr als 200 liebevoll gestaltete Bastelbücher herausgebracht. Am liebsten arbeitet sie mit dem Werkstoff Papier. **Angelika Kipp** hat aber nicht nur gestalterisches Talent, sondern erfindet auch lustige und unterhaltsame Geschichten und Gedichte für Kinder. Die beste Inspirationsquelle sind Urlaube auf der Insel Sylt. Dort entstehen immer die schönsten Bastelideen und fröhlichsten Kindergedichte, die sicherlich auch in Zukunft noch Bücher füllen werden.

DANKE!

Die Autorin dankt den Firmen Ludwig Bähr, Kassel, und Heyda, Hagen, für die freundliche Bereitstellung von Materialien.

TOPP – Unsere Servicegarantie

WIR SIND FÜR SIE DA! Bei Fragen zu unserem umfangreichen Programm oder Anregungen freuen wir uns über Ihren Anruf oder Ihre Post. Loben Sie uns, aber scheuen Sie sich auch nicht, Ihre Kritik mitzuteilen – sie hilft uns, ständig besser zu werden.

Bei Fragen zu einzelnen Materialien oder Techniken wenden Sie sich bitte an unseren Kreativservice, Frau Erika Noll.

mail@kreativ-service.info
Telefon 0 50 52 / 91 18 58

Das Produktmanagement erreichen Sie unter:

pm@frechverlag.de

oder:

frechverlag
Produktmanagement
Turbinenstraße 7
70499 Stuttgart
Telefon 07 11 / 8 30 86 68

LERNEN SIE UNS BESSER KENNEN! Fragen Sie Ihren Hobbyfach- oder Buchhändler nach unserem kostenlosen Kreativmagazin **Meine kreative Welt**. Darin entdecken Sie vierteljährlich die neuesten Kreativtrends und interessantesten Buchneuheiten.

Oder besuchen Sie uns im Internet! Unter **www.frechverlag.de** können Sie sich über unser umfangreiches Buchprogramm informieren, unsere Autoren kennenlernen sowie aktuelle Highlights und neue Kreativtechniken entdecken, kurz – die ganze Welt der Kreativität.

Kreativ immer up to date sind Sie mit unserem monatlichen **Newsletter** mit den aktuellsten News aus dem frechverlag, Gratis-Bastelanleitungen und attraktiven Gewinnspielen.

IMPRESSUM

FOTOS: frechverlag GmbH, 70499 Stuttgart, Angelika Kipp (Arbeitsschrittfotos und Porträts), lichtpunkt, Michael Ruder, Stuttgart (alle übrigen)

PRODUKTMANAGEMENT UND LEKTORAT: Anja Detzel

GESTALTUNG: Heike Köhl

DRUCK: frechdruck GmbH, 70499 Stuttgart

Auflage:	5.	4.	3.	2.	1.	
Jahr:	2014	2013	2012	2011	2010	[Letzte Zahlen maßgebend]

ISBN 978-3-7724-3862-2 • Best.-Nr. 3862 PRINTED IN GERMANY